6

Primarstufe

D1986808

MATHEMATIK

Arbeitsheft

Grössen und Daten 2

LMVZ

Inhaltsverzeichnis

1. In einem Mehrfamilienhaus hat es zwölf Wohnungen.
Die Tabelle zeigt das Alter der Bewohnerinnen und Bewohner.

Wohnung	1	2	3	4	5	6	7	8	9	10	11	12
Alter der Personen	47	44	57	28	56	84	68	41	72	33	49	52
	45	38	57	27	41	79	65	15		24	42	48
	12	14	22	2				11		22		21
	9	12						6				17
		7										

a Bestimme die Anzahl Personen für jede Altersklasse.
Erstelle ein Säulendiagramm.

Altersklasse	Anzahl Personen
0 bis 25	
26 bis 50	
51 bis 75	
76 bis 100	

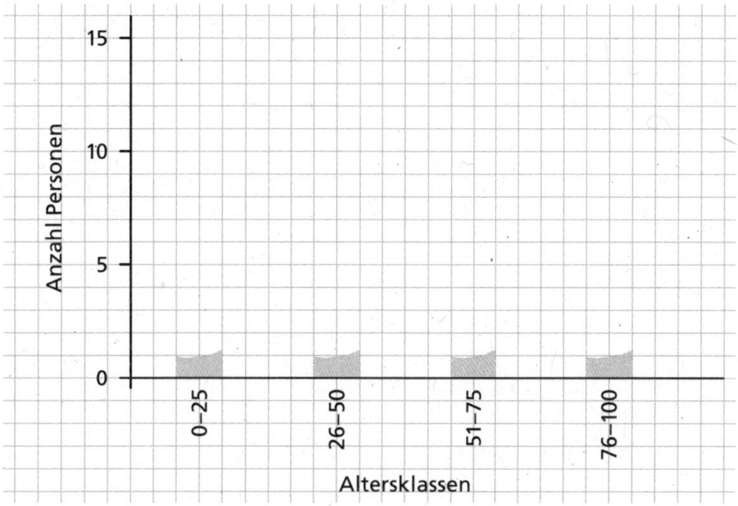

b Bestimme die Anzahl Personen für jede Altersklasse.
Erstelle ein Säulendiagramm.

Altersklasse	Anzahl Personen
0 bis 20	
21 bis 40	
41 bis 60	
61 bis 80	
81 bis 100	

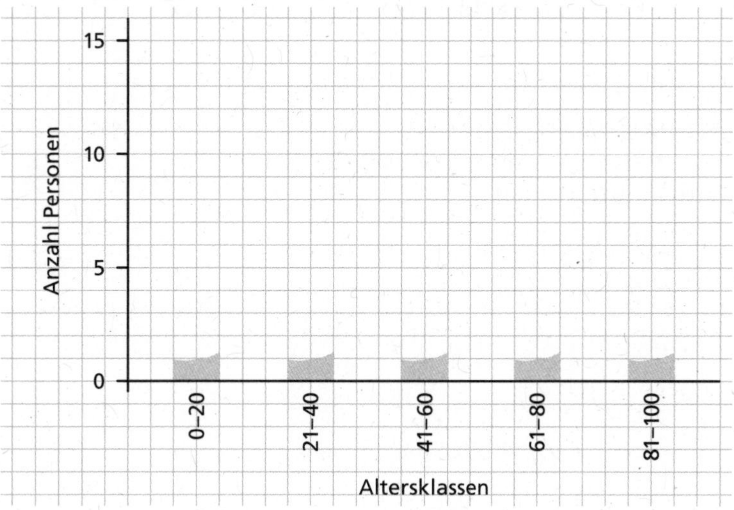

c Vergleiche die beiden Diagramme. Was fällt dir auf?

....

....

2. In zehn Gemeinden wurde über den Bau einer Sesselbahn abgestimmt. Bei einem Mehr an «Ja»-Stimmen wird die Sesselbahn gebaut.

	«Ja»-Stimmen	«Nein»-Stimmen	Mehr "Ja"	Mehr "Nein"	
Gemeinde A	345	418		73	
Gemeinde B	2503	1961			
Gemeinde C	712	859			
Gemeinde D	927	1463			
Gemeinde E	1205	1140			
Gemeinde F	287	292			
Gemeinde G	189	314			
Gemeinde H	959	882			
Gemeinde I	523	679			
Gemeinde J	1683	1236			
Summe					

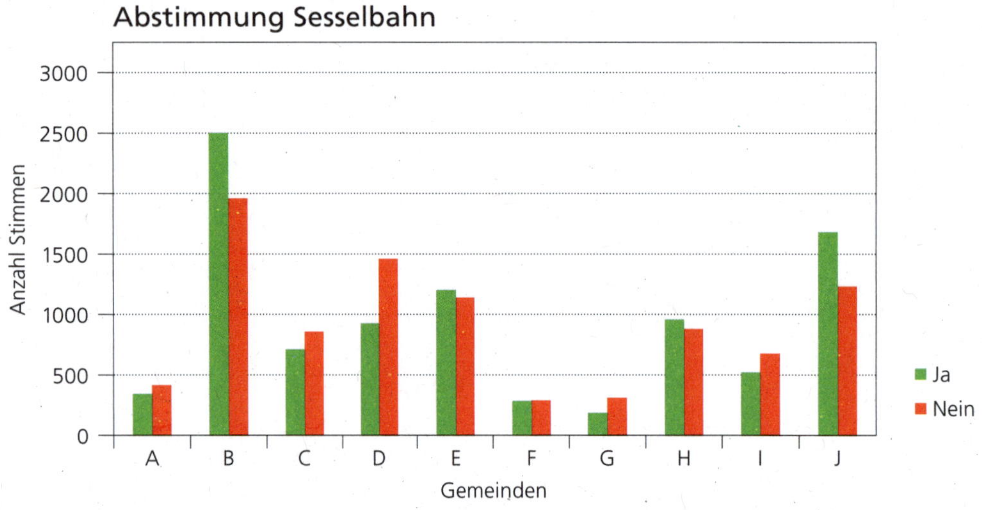

a Werte die Abstimmung aus.

Wird die Sesselbahn gebaut? ....

In welcher Gemeinde haben am meisten Personen abgestimmt? ....

In welcher Gemeinde haben am wenigsten Personen abgestimmt? ....

In welcher Gemeinde ist der Unterschied zwischen den «Ja»-Stimmen und den «Nein»-Stimmen am grössten? ....

Wie viele Personen hätten mindestens anders abstimmen müssen, damit die Sesselbahn nicht gebaut würde? ....

b Kreuze an, ob die Aussagen richtig oder falsch sind.

	richtig	falsch
«Gemeinde A hat dem Bau der Sesselbahn zugestimmt.»	☐	☐
«In der Gemeinde H beträgt der Unterschied zwischen den ‹Ja›-Stimmen und den ‹Nein›-Stimmen 77 Stimmen.»	☐	☐
«In der Gemeinde F ist der Unterschied zwischen den ‹Ja›-Stimmen und den ‹Nein›-Stimmen am kleinsten.»	☐	☐
«Das Ergebnis der Abstimmung wäre gleich gewesen, wenn die Gemeinde D nicht gewählt hätte.»	☐	☐
«Das Ergebnis der Abstimmung wäre gleich gewesen, wenn die Gemeinde B nicht gewählt hätte.»	☐	☐
«Das Ergebnis der Abstimmung wäre gleich gewesen, wenn die Gemeinden E und H nicht gewählt hätten.»	☐	☐
«Das Ergebnis der Abstimmung wäre gleich gewesen, wenn jede Gemeinde nur eine Stimme gehabt hätte.»	☐	☐

3. Drei Jurymitglieder bewerteten die Auftritte von 10 Sängerinnen und Sängern. Note 1 ist die schlechteste Note. Note 10 ist die beste Note. Wer am meisten Punkte erreicht, gewinnt den Wettbewerb.

Sängerin / Sänger	Geschlecht	Alter	Bewertung Jurymitglied A	Bewertung Jurymitglied B	Bewertung Jurymitglied C		
Tabea	weiblich	18	6	5	9		
Finn	männlich	16	4	3	5		
Lars	männlich	22	8	9	6		
Naomi	weiblich	23	5	9	7		
Aline	weiblich	18	10	5	5		
Julia	weiblich	28	7	4	6		
Dario	männlich	19	3	2	5		
Tobias	männlich	25	2	10	7		
Eva	weiblich	17	9	2	7		
Julian	männlich	26	5	3	8		

a Bestimme die drei ersten Ränge.

1. Rang: ………… 2. Rang: ………… 3. Rang: …………

b Vergleiche die Bewertungen der Jurymitglieder.

Bei welcher Sängerin oder bei welchem Sänger ist der Unterschied zwischen der schlechtesten und der besten Bewertung am kleinsten? …………

Bei welcher Sängerin oder bei welchem Sänger ist der Unterschied zwischen der schlechtesten und der besten Bewertung am grössten? …………

c Untersuche die Bewertungen der Jurymitglieder.
Beschreibe, wie die einzelnen Jurymitglieder bewertet haben.

Beispiele: streng | wohlwollend | kleine Unterschiede | grosse Unterschiede

Jurymitglied A: …………

…………

Jurymitglied B: …………

…………

Jurymitglied C: …………

…………

d Vergleiche das Punktetotal der Sängerinnen und der Sänger.
Wer erzielte mehr Punkte, …

… die fünf Sängerinnen oder die fünf Sänger? ……………………

… die fünf Unter-20-Jährigen oder die fünf Über-20-Jährigen? ……………………

e Kreuze an, ob die Aussagen richtig oder falsch sind.

	richtig	falsch
«Das Jurymitglied A gab den Sängerinnen mehr Punkte als den Sängern.»	☐	☐
«Das Jurymitglied B gab den Sängerinnen mehr Punkte als den Sängern.»	☐	☐
«Das Jurymitglied A gab den Über-20-Jährigen mehr Punkte als den Unter-20-Jährigen.»	☐	☐
«Das Jurymitglied B gab den Über-20-Jährigen mehr Punkte als den Unter-20-Jährigen.»	☐	☐

1. Bilde Zahlen mit Ziffern.

a Notiere alle vierstelligen Zahlen, die du mit den vier Ziffern 6, 7, 8 und 9 bilden kannst. Jede Ziffer darf in jeder Zahl nur einmal vorkommen.

6789 7689

6798

Anzahl gefundene Möglichkeiten: ……………

b Notiere alle zweistelligen Zahlen, die du mit den vier Ziffern 6, 7, 8 und 9 bilden kannst. Jede Ziffer darf in einer Zahl nur einmal vorkommen.

Anzahl gefundene Möglichkeiten: ……………

c Notiere alle dreistelligen Zahlen, die du mit den sechs Ziffern 4, 4, 5, 5, 6 und 6 bilden kannst.

Anzahl gefundene Möglichkeiten: ……………

2. Lotto
In jeder Zeile dürfen zwei Zahlen angekreuzt werden.
Wie viele Möglichkeiten findest du? Notiere die Anzahl.

a

1	2	3	4
1	2	3	4
1	2	3	4
1	2	3	4
1	2	3	4
1	2	3	4
1	2	3	4
1	2	3	4
1	2	3	4
1	2	3	4
1	2	3	4
1	2	3	4
1	2	3	4
1	2	3	4
1	2	3	4

Anzahl: ....

b

1	2	3	4	5
1	2	3	4	5
1	2	3	4	5
1	2	3	4	5
1	2	3	4	5
1	2	3	4	5
1	2	3	4	5
1	2	3	4	5
1	2	3	4	5
1	2	3	4	5
1	2	3	4	5
1	2	3	4	5
1	2	3	4	5
1	2	3	4	5
1	2	3	4	5

Anzahl: ....

c

1	2	3	4	5	6
1	2	3	4	5	6
1	2	3	4	5	6
1	2	3	4	5	6
1	2	3	4	5	6
1	2	3	4	5	6
1	2	3	4	5	6
1	2	3	4	5	6
1	2	3	4	5	6
1	2	3	4	5	6
1	2	3	4	5	6
1	2	3	4	5	6
1	2	3	4	5	6
1	2	3	4	5	6
1	2	3	4	5	6

Anzahl: ....

3. Auf einem Parkplatz sind fünf nebeneinanderliegende Parkfelder frei.
Zeichne alle Möglichkeiten, auf welchen Parkfeldern ein rotes Auto und ein schwarzes Auto platziert werden können.

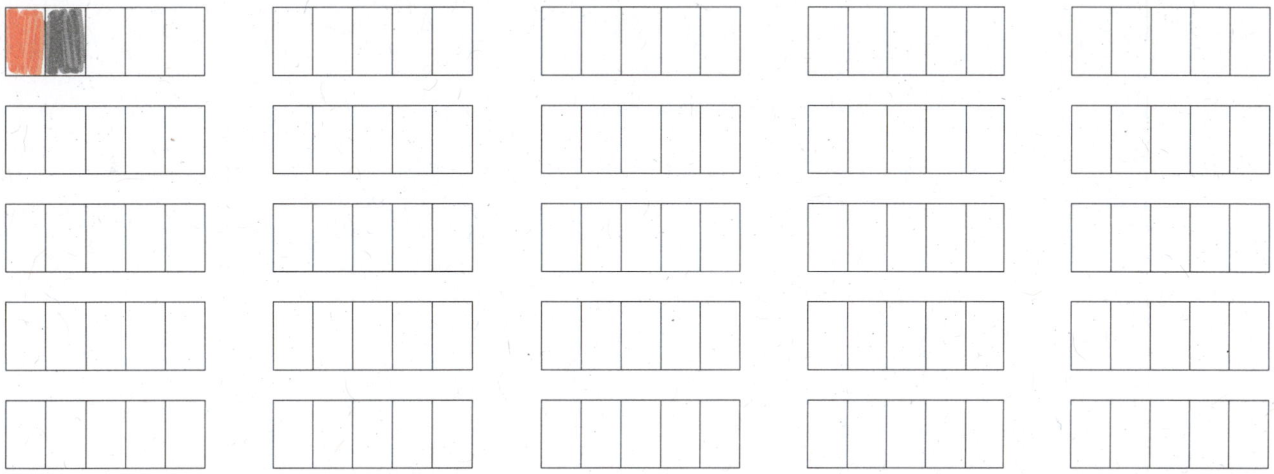

Anzahl gefundene Möglichkeiten: ....

4. Vater (V), Mutter (M) und die vier Kinder Andrin (A), Chantal (C), Dario (D) und Eva (E) sitzen um einen Tisch.

Die Mutter und der Vater sitzen immer am gleichen Platz. Zeichne alle Möglichkeiten ein, wie sich die Kinder an den Tisch setzen können.

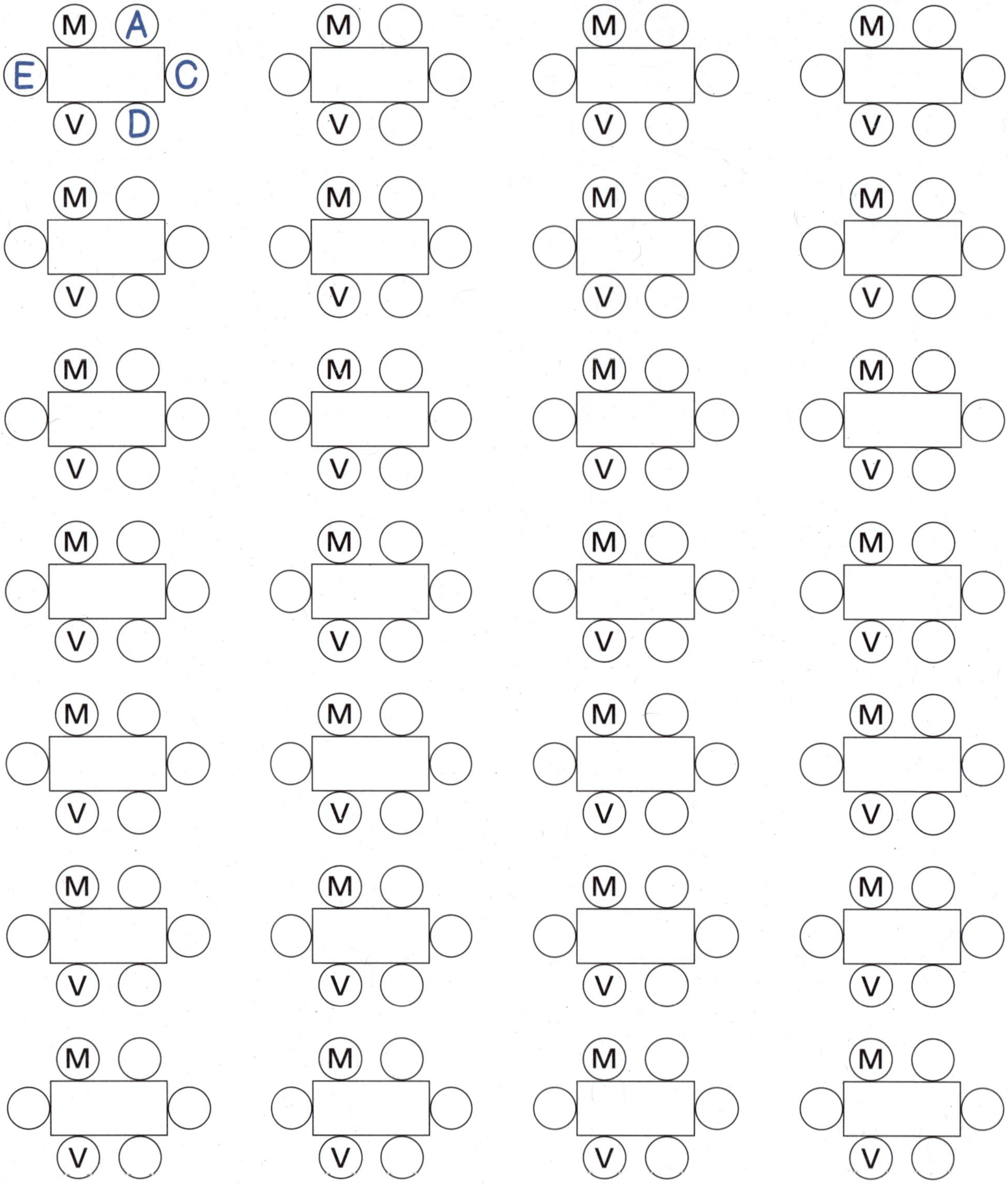

Anzahl gefundene Möglichkeiten: ....

5. Sechs Freundinnen und Freunde begrüssen sich mit einem Handschlag.

a Zeichne im Diagramm für jeden Handschlag eine Verbindungslinie ein.
Notiere zu jedem Handschlag das passende Buchstabenpaar.

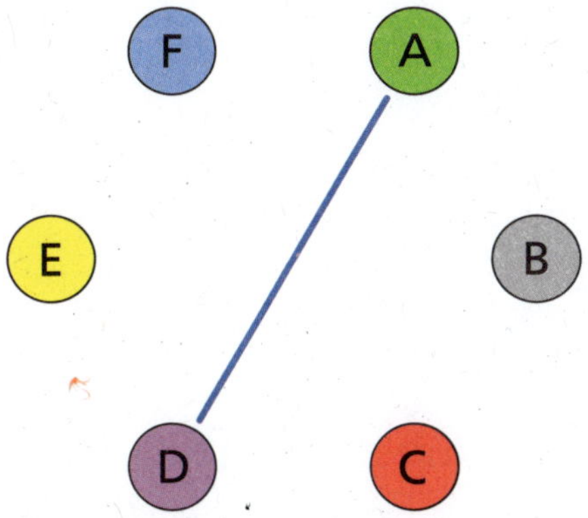

A–D ....

Wie viele Handschläge sind es insgesamt? ....

b Eine Freundin verlässt die Runde.
Wie viele Handschläge sind es, wenn sich fünf Personen begrüssen? ....

c Ein Freund kommt hinzu.
Wie viele Handschläge sind es, wenn sich sieben Personen begrüssen? ....

1. Rechne mit dem Postkutschen-Fahrplan von 1910.

946 Vom 1. Mai bis 14. Juni und vom 16. bis 30. September Wagen zu 2 Plätzen; vom 15. Juni bis 15. September offene Kalesche zu 4 Plätzen. Keine Beiwagen.

Höhe	km.	Taxen Winter	Taxen Sommer			II	IV		I	III			
720	0,0			...	...	9^{10}	4^{30}	*ab* **Thusis** 266 . . . . . *an*	8^{10}	3^{00}	...	...	...
880	2,2	-. 35	-. 45	...	...	9^{45}	5^{05}	Masein	7^{50}	2^{40}	...	...	...
1234	5,6	- 85	1. 15	...	...	10^{50}	6^{10}	Flerden	7^{20}	2^{10}	...	...	...
1253	7,0	1. 05	1. 40	...	...	11^{10}	6^{30}	Urmein	7^{05}	1^{55}	...	...	...
1406	8,1	1. 25	1. 65	...	...	11^{35}	6^{55}	Untertschappina .	6^{55}	1^{45}	..	...	...
1585	9,8	1. 50	2. —	...	...	12^{10}	7^{30}	*an* Obertschappina . . *ab*	6^{40}	1^{30}	...	...	...

a Welchen Höhenunterschied legte die Postkutsche zwischen Thusis und Obertschappina zurück?

b Wie lange dauerte die Bergfahrt von Thusis nach Obertschappina?
Wie lange dauerte die Talfahrt von Obertschappina nach Thusis?

c Im Jahr 2010 dauerte die Bergfahrt von Thusis nach Obertschappina mit dem Postauto 26 Minuten. Die Talfahrt dauerte 21 Minuten. Vergleiche die Postauto-Reisezeiten mit den Postkutschen-Reisezeiten.

d Mit welcher durchschnittlichen Geschwindigkeit war die Postkutsche von Thusis nach Obertschappina unterwegs? Runde das Resultat auf 1 km/h genau.

e Wie lange musste eine Person in Thusis auf die nächste Postkutsche Richtung Obertschappina warten, wenn sie um 16:50 Uhr an der Haltestelle Thusis angekommen war?

f Wie viele Personen konnten an einem Tag im Juli maximal mit der Postkutsche von Thusis nach Obertschappina reisen?

g Welchen Betrag konnte ein Kutscher auf der Strecke zwischen Thusis und Obertschappina in einer Woche im August maximal einnehmen?
Gehe davon aus, dass die Talfahrt gleich teuer war wie die Bergfahrt.

2. Rechne mit dem Fahrplan von 1850.

Stationen	Zeitpunkt	Fahrzeug	Strecke	Fahrpreis
Basel ab	19:00	Postkutsche	94 km	28.80 Fr.
Luzern an	04:35			
Luzern ab	05:00	Dampfschiff	40 km	
Flüelen an	07:45			
Flüelen ab	08:00	Postkutsche	156 km	
Gotthard Hospiz an	16:00			
Lugano an	03:10			

a Wie viele Kilometer legten Reisende von Basel nach Lugano zurück?

b Wie lange dauerte die gesamte Reise von Basel nach Lugano?

c Mit welcher durchschnittlichen Reisegeschwindigkeit war das Dampfschiff von Luzern nach Flüelen unterwegs? Runde das Resultat auf 1 km/h genau. Notiere deinen Rechenweg. Du darfst den Taschenrechner benutzen.

d Ein Handwerker verdiente um 1850 durchschnittlich 13 Rappen pro Stunde. Wie viele Stunden musste er für die Reise von Basel nach Lugano arbeiten? Runde das Resultat auf 1 h genau. Du darfst den Taschenrechner benutzen.

3. Rechne mit Tageslöhnen und Preisen von 1930 und 2010.
Du darfst den Taschenrechner benutzen.

	Textilarbeiterin	**Uhrmacher**
Tageslöhne 1930	6.50 Fr.	7.00 Fr.

	Bäckerin	**Fabrikarbeiter**
Tageslöhne 2010	252 Fr.	182 Fr.

	1930	**2010**
Bahnreise von Basel nach Lugano	25.00 Fr.	78.00 Fr.
1 l Milch	0.35 Fr.	1.65 Fr.
1 kg Brot	0.50 Fr.	3.50 Fr.
1 kg Kartoffeln	0.20 Fr.	2.70 Fr.
1 Ei	0.20 Fr.	0.75 Fr.

a Wie viel kg Brot konnte eine Textilarbeiterin 1930 mit ihrem Tageslohn kaufen?
Wie viel kg Brot konnte ein Fabrikarbeiter 2010 mit seinem Tageslohn kaufen?

b Wie viele Eier konnte ein Uhrmacher 1930 mit seinem Tageslohn kaufen?
Wie viele Eier konnte eine Bäckerin 2010 mit ihrem Tageslohn kaufen?

c Ein Fabrikarbeiter leistete sich 2010 eine Bahnreise von Basel nach Lugano.
Wie viel Geld blieb ihm nach dem Bezahlen der Fahrkarte von seinem Tageslohn übrig?

d Wie viele Tage musste eine Textilarbeiterin 1930 arbeiten, um sich eine Bahnreise von Basel nach Lugano leisten zu können? Runde das Resultat auf 1 Tag genau.

1. Schätze die Anzahl. Notiere deine Überlegungen.

a Wie viele Knöpfe liegen ungefähr auf dem Tisch?

b Wie viele Bälle sind ungefähr im Gefäss?

2. Schätze die Anzahl. Notiere deine Überlegungen.

a Wie viele 5-Franken-Münzen können ungefähr auf dem Tisch ausgelegt werden?

b Wie viele Tennisbälle haben ungefähr in der Schachtel Platz?

3. Schätze die Fläche der Seen.

a Ägerisee

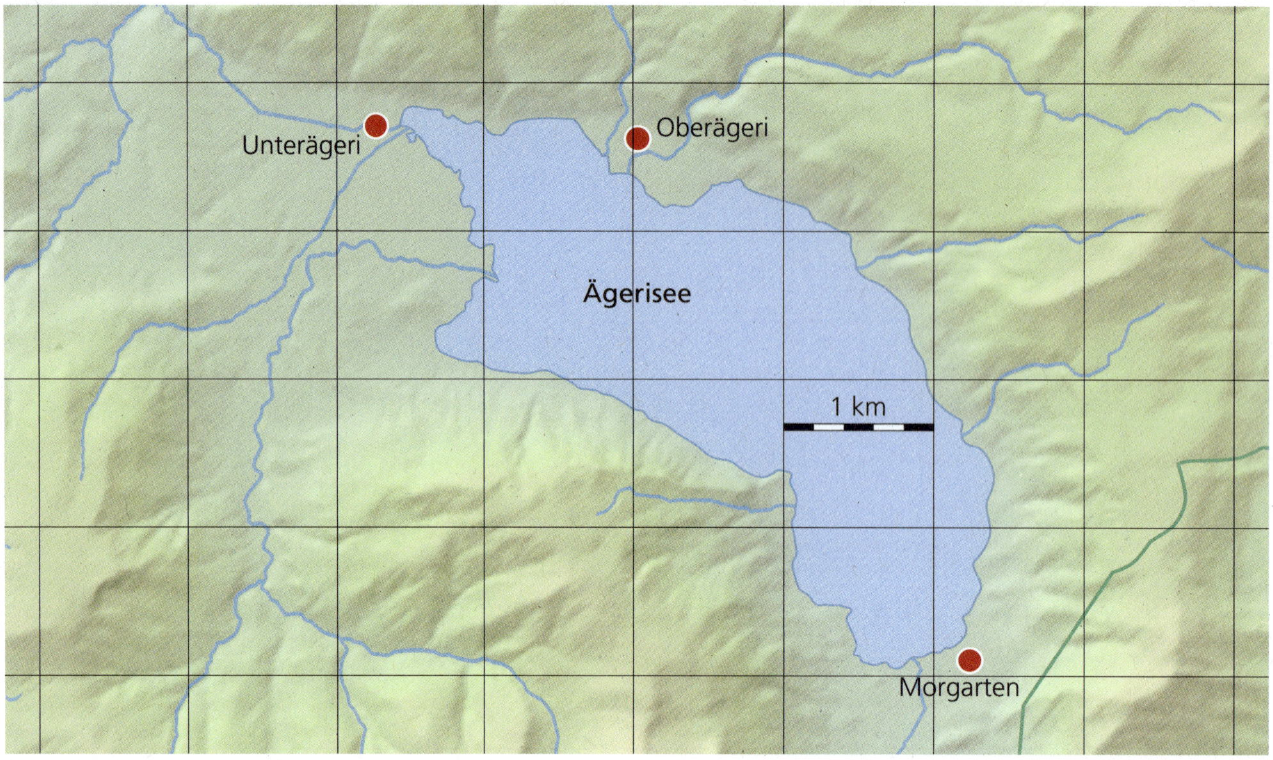

Geschätzte Fläche: ....

b Genfersee

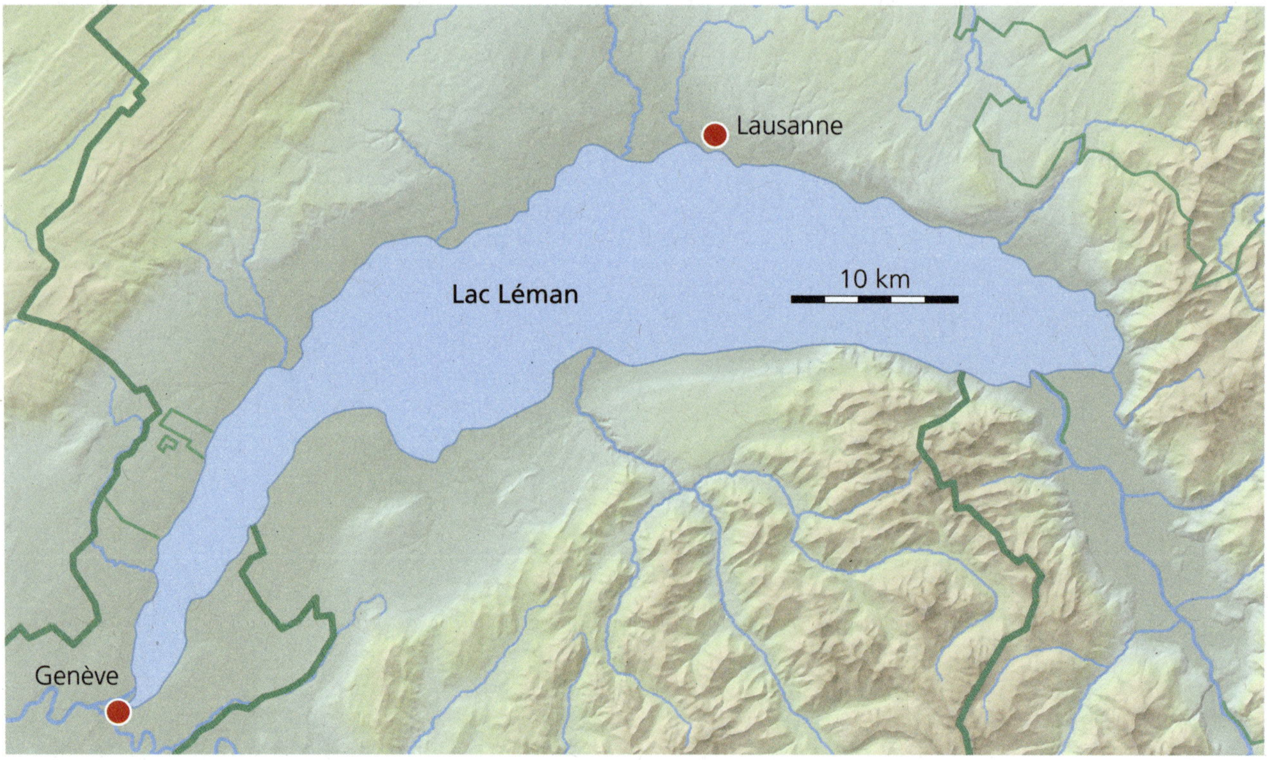

Geschätzte Fläche: ....

4. Kreuze die passende Angabe an. Notiere deine Überschlagsrechnungen.

a Ein erwachsener Mensch schläft pro Tag ungefähr 6 bis 8 h.
In einem Monat schläft er ungefähr …

- ☐ … 60 h.
- ☐ … 200 h.
- ☐ … 600 h.
- ☐ … 2000 h.

b Ein Löwe verbringt pro Tag häufig 16 bis 20 h mit Dösen und Schlafen.
In einem Jahr döst und schläft er ungefähr …

- ☐ … 600 h.
- ☐ … 2000 h.
- ☐ … 6000 h.
- ☐ … 20 000 h.

c Ein Elefant trinkt pro Tag durchschnittlich 140 l Wasser.
In einem Jahr trinkt er ungefähr …

- ☐ … 5000 l.
- ☐ … 15 000 l.
- ☐ … 50 000 l.
- ☐ … 150 000 l.

d Ein Sack Kartoffeln wiegt 52 kg.
3 durchschnittlich grosse Kartoffeln aus dem Sack wiegen zusammen 280 g.
Im Sack sind ungefähr …

- ☐ … 600 Kartoffeln.
- ☐ … 2000 Kartoffeln.
- ☐ … 6000 Kartoffeln.
- ☐ … 20 000 Kartoffeln.

e Ein Sack Teigwaren wiegt 750 g.
17 Teigwaren aus dem Sack wiegen zusammen 4 g.
Im Sack sind ungefähr …

- ☐ … 100 Teigwaren.
- ☐ … 300 Teigwaren.
- ☐ … 1000 Teigwaren.
- ☐ … 3000 Teigwaren.

1. Die fünf Etiketten (A bis E) geben an, aus welchen Materialien ein Pullover besteht.

a Ordne jedem Kreisdiagramm ein Etikett (A bis E) zu.

A
15 % Polyester
80 % Baumwolle
5 % Elastan

B
$\frac{1}{4}$ Polyester
$\frac{2}{3}$ Baumwolle
$\frac{1}{12}$ Elastan

C
$\frac{3}{5}$ Polyester
$\frac{1}{20}$ Baumwolle
$\frac{7}{20}$ Elastan

D
25 % Polyester
45 % Baumwolle
30 % Elastan

E
$\frac{3}{10}$ Polyester
$\frac{3}{10}$ Baumwolle
$\frac{4}{10}$ Elastan

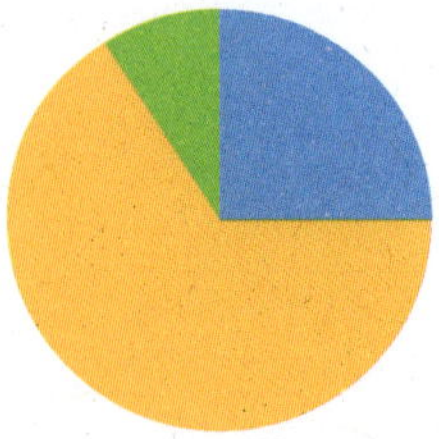
Etikett ....

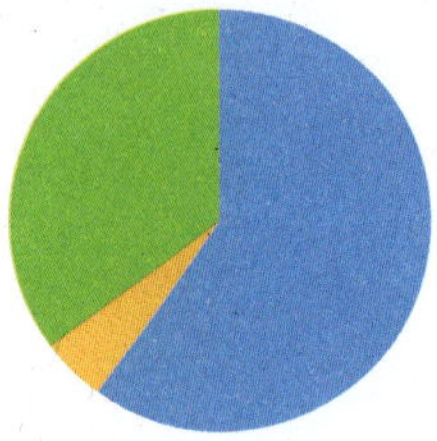
Etikett ....

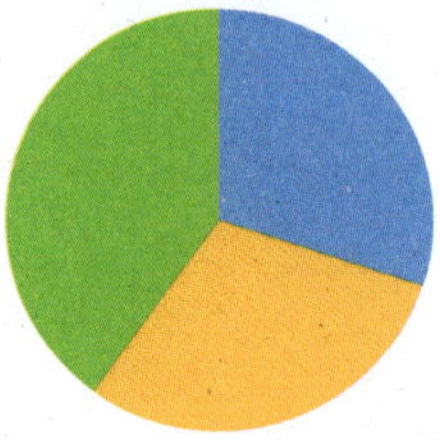
Etikett ....

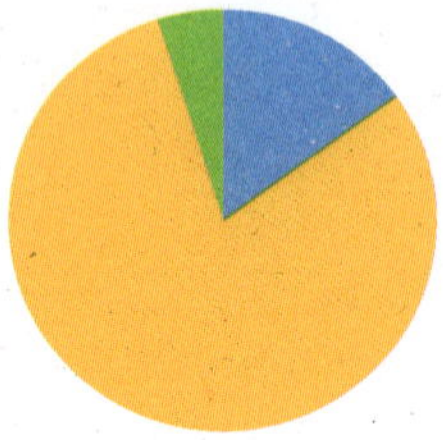
Etikett ....

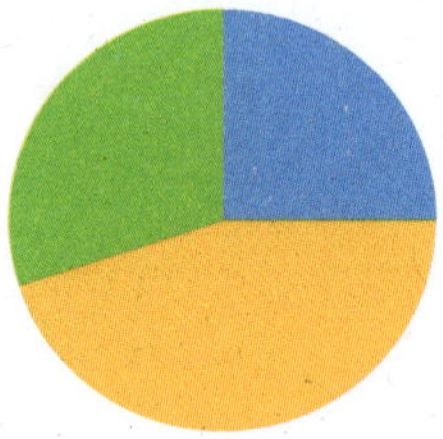
Etikett ....

b Ergänze die Legende mit den entsprechenden Farben der Kreisdiagramme.

☐ Baumwolle

☐ Polyester

☐ Elastan

c Silas, Lorena und Moritz lesen die Informationen zu den Materialien auf den Etiketten, um einen Pullover zu wählen.

Silas möchte einen Pullover, der möglichst viel Baumwolle enthält.

Er wählt den Pullover, der zum Etikett .... gehört.

Lorena möchte einen Pullover, der möglichst viel Elastan enthält.

Sie wählt den Pullover, der zum Etikett .... gehört.

Moritz möchte einen Pullover, der etwa gleich viel Polyester und Elastan enthält.

Er wählt den Pullover, der zum Etikett .... gehört.

2. Vergleiche die Altersklassen der Schweizer Bevölkerung in den Jahren 1920, 1950, 1980 und 2010.

Die Anzahl Personen ist pro Altersklasse auf Tausender gerundet.

1920	Anzahl Personen
0 bis 19 Jahre	1 477 000
20 bis 39 Jahre	1 197 000
40 bis 59 Jahre	851 000
ab 60 Jahre	358 000
Total	3 883 000

1950	Anzahl Personen
0 bis 19 Jahre	1 445 000
20 bis 39 Jahre	1 371 000
40 bis 59 Jahre	1 242 000
ab 60 Jahre	659 000
Total	4 717 000

1980	Anzahl Personen
0 bis 19 Jahre	1 745 000
20 bis 39 Jahre	1 914 000
40 bis 59 Jahre	1 514 000
ab 60 Jahre	1 162 000
Total	6 335 000

2010	Anzahl Personen
0 bis 19 Jahre	1 642 000
20 bis 39 Jahre	2 100 000
40 bis 59 Jahre	2 338 000
ab 60 Jahre	1 790 000
Total	7 870 000

a Die Daten aus den vier Tabellen sind in Kreisdiagrammen und in Streifendiagrammen dargestellt. Suche in jeder Tabelle nach Auffälligkeiten in der Verteilung. Notiere anhand deiner Beobachtungen zu jedem Diagramm die passende Jahreszahl (1920, 1950, 1980 und 2010).

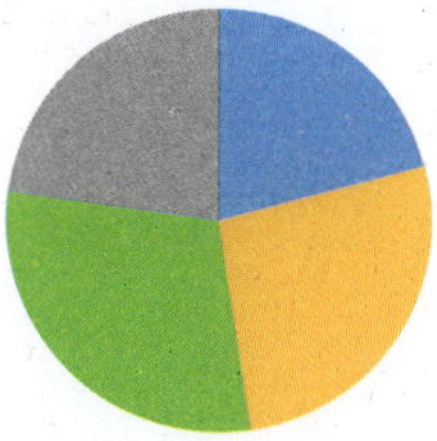

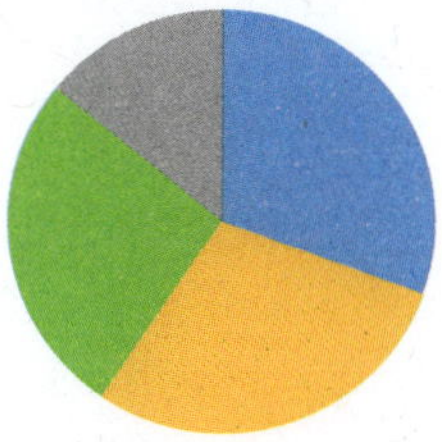

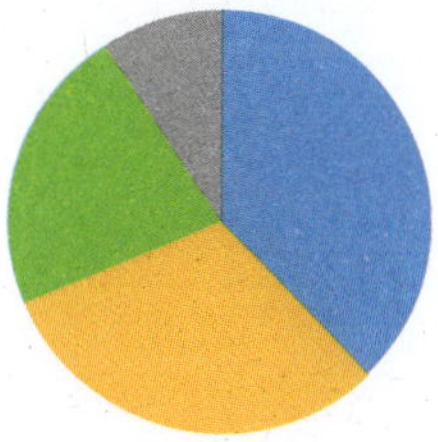

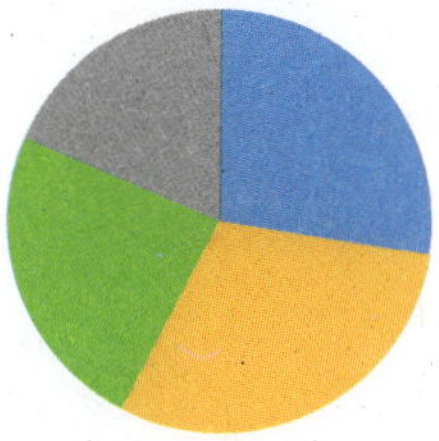

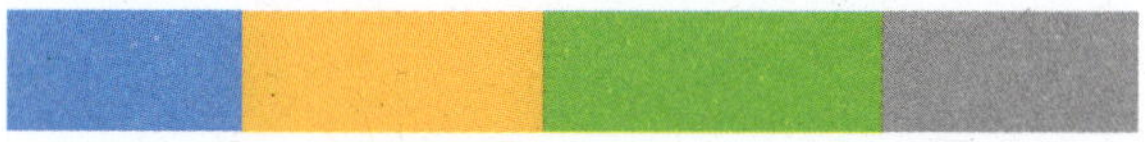

b Worin unterscheiden sich das Kreisdiagramm und das Streifendiagramm des Jahres 1950 von den anderen Diagrammen?

3. Selma hat mit Kreisdiagrammen dargestellt, wie sie den Mittwoch und den Freitag verbracht hat.

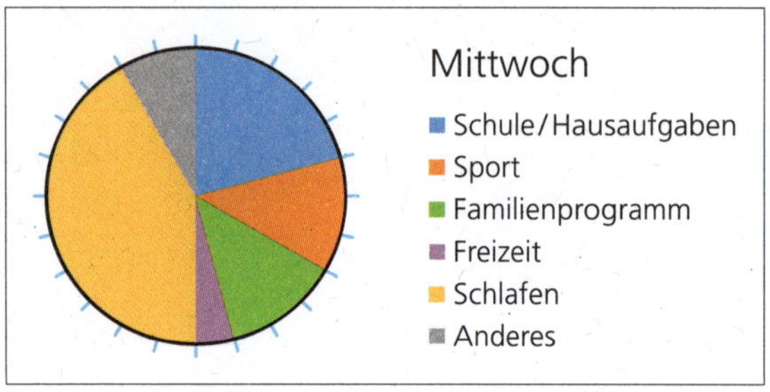

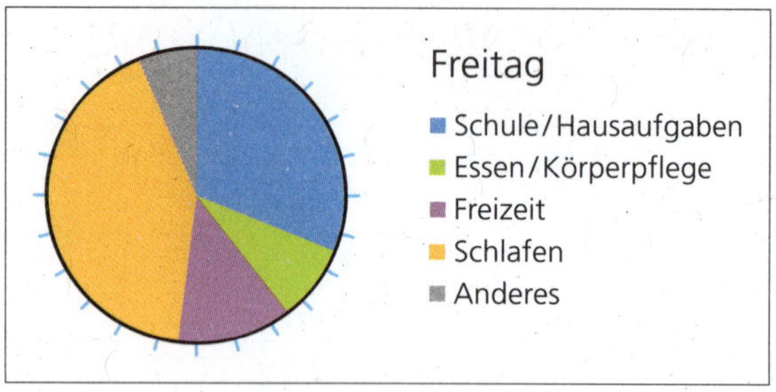

a Stimmen die Aussagen? Kreuze an, ob die Aussagen richtig oder falsch sind.

	richtig	falsch
«Selma schlief am Mittwoch und am Freitag gleich lang.»	☐	☐
«An beiden Tagen decken ‹Freizeit› und ‹Schlafen› zusammen weniger als die Hälfte des Tages ab.»	☐	☐
«Selma brauchte an beiden Tagen mehr als einen Viertel der Zeit für ‹Schule/Hausaufgaben›.»	☐	☐
«Am Mittwoch trieb Selma 3 Stunden ‹Sport›.»	☐	☐

b Wähle einen Tag aus. Trage in der Tabelle ein, was du an diesem Tag gemacht hast. Zeichne ein Kreisdiagramm zu deinen Daten.

Aktivität (Datum: ....)	Anzahl Stunden
☐	
☐	
☐	
☐	
☐	
☐ Anderes	
Total	24

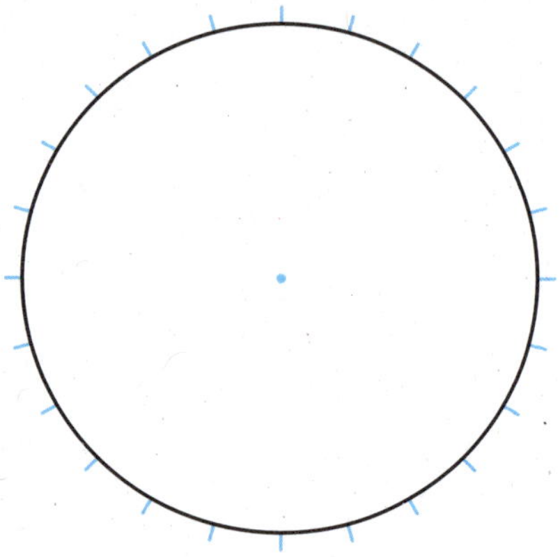

c Wie würdest du einen Tag verbringen, wenn du die Aktivitäten frei wählen könntest?

Zeichne ein entsprechendes Kreisdiagramm und erstelle eine Legende dazu.

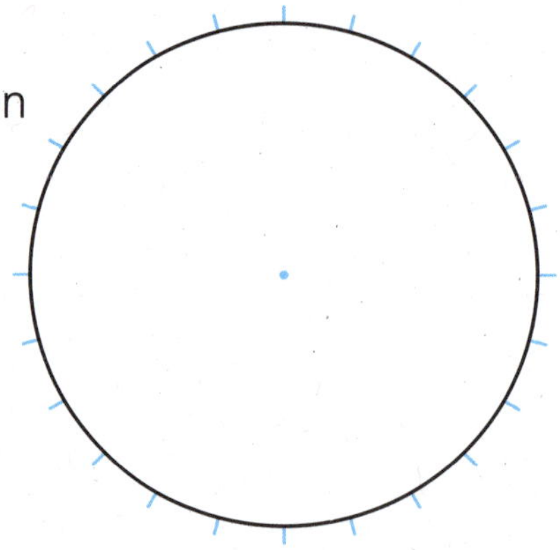

☐ ....

☐ ....

☐ ....

☐ ....

☐ ....

☐ ....

4. Die Schülerinnen und Schüler einer Klasse wollten in einem Zeitraum von vier Wochen 600 Abzeichen verkaufen.

Zeitraum	Verkaufte Abzeichen
1. Woche	250
2. Woche	180
3. Woche	75
4. Woche	75

a Wie viele Abzeichen konnten sie nicht verkaufen? ....

b Stelle die Daten in einem Säulendiagramm und in einem Kreisdiagramm dar.

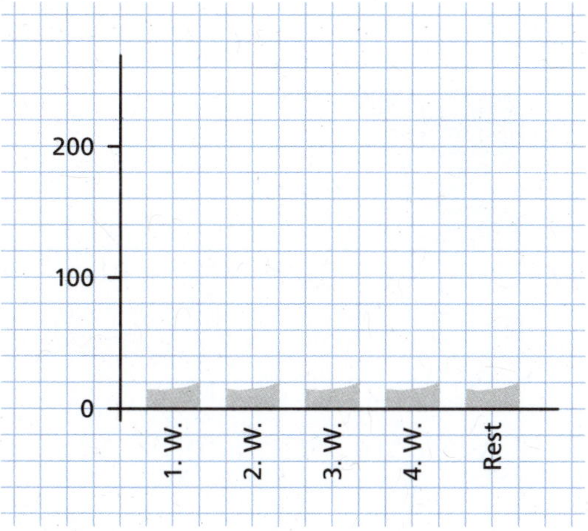

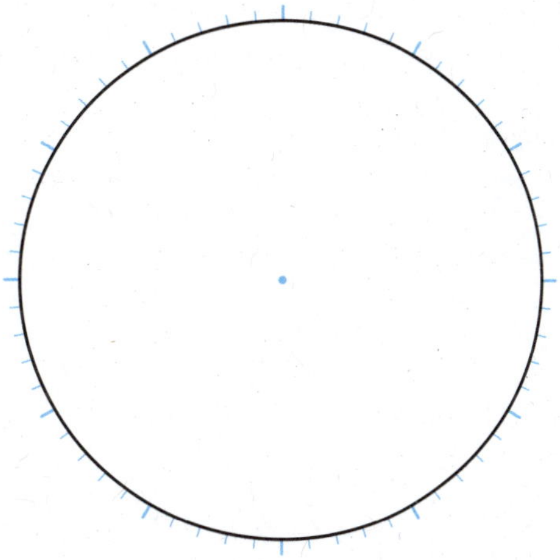

☐ 1. Woche
☐ 2. Woche
☐ 3. Woche
☐ 4. Woche
☐ Rest

c Vergleiche die beiden Diagramme und formuliere zwei Aussagen dazu.

....

....

....

....

....

....

....

....

....

....

1. Untersuche das Zufallsexperiment.
Du willst Tresore öffnen. Dies geht nur mit dem passenden schmalen Schlüssel und dem passenden breiten Schlüssel.

Du brauchst zwei schmale, gleich grosse Zettel und zwei breite, gleich grosse Zettel.

- Notiere auf die schmalen Zettel die Codes «2388» und «7145». Das sind die schmalen Schlüssel.
- Notiere auf die breiten Zettel die Codes «2388» und «7145». Das sind die breiten Schlüssel.
- Drehe die Zettel um und mische sie. Verteile je einen schmalen Zettel und einen breiten Zettel auf die beiden Tresore.
- Decke die Zettel auf.

2388	7145
2388	7145

Tresor mit Code 2388

Tresor mit Code 7145

a Stell dir vor, du führst das Experiment 20-mal durch. Welcher der Fälle A bis C tritt wohl am häufigsten ein? Welcher der Fälle tritt wohl am seltensten ein? Schreibe deine Vermutungen auf.

Fall A: Beide Tresore lassen sich öffnen.
Fall B: Ein Tresor lässt sich öffnen.
Fall C: Kein Tresor lässt sich öffnen.

Am häufigsten: .... Am seltensten: ....

b Führe das Experiment 20-mal durch. Protokolliere mit Strichen in der Tabelle, wie oft die Fälle A bis C eintreten.

Fall A: Beide Tresore lassen sich öffnen.	Fall B: Ein Tresor lässt sich öffnen.	Fall C: Kein Tresor lässt sich öffnen.

c Vergleiche deine Vermutung (Aufgabe a) mit den Ergebnissen in der Tabelle (Aufgabe b). Schreibe deine Beobachtungen und Erkenntnisse auf.

....

....

2. In den fünf undurchsichtigen Beuteln (A bis E) befinden sich rote und gelbe Spielfiguren. Es werden, ohne zu schauen, jeweils zwei Figuren aus einem Beutel gezogen.

A B C D E

a Kreuze an, für welche Beutel die Aussage zutrifft.

	A	B	C	D	E
«Es ist möglich, zwei rote Spielfiguren zu ziehen.»	☐	☐	☐	☐	☐
«Es ist möglich, zwei gelbe Spielfiguren zu ziehen.»	☐	☐	☐	☐	☐
«Es ist möglich, zwei rote Spielfiguren zu ziehen. Es ist aber unmöglich, zwei gelbe Spielfiguren zu ziehen.»	☐	☐	☐	☐	☐
«Es ist möglich, zwei gelbe Spielfiguren zu ziehen. Es ist aber unmöglich, zwei rote Spielfiguren zu ziehen.»	☐	☐	☐	☐	☐

b Aus jedem Beutel (A bis E) wurden 30-mal zwei Figuren gezogen und wieder zurückgelegt. Die Ergebnisse der Ziehungen sind in den Säulendiagrammen dargestellt.

Welches Säulendiagramm passt am besten zu welchem Beutel?
Notiere jeweils den Buchstaben des Beutels zum Diagramm.

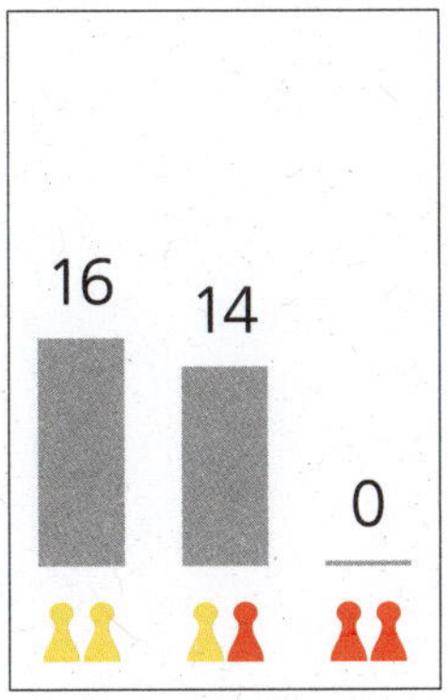

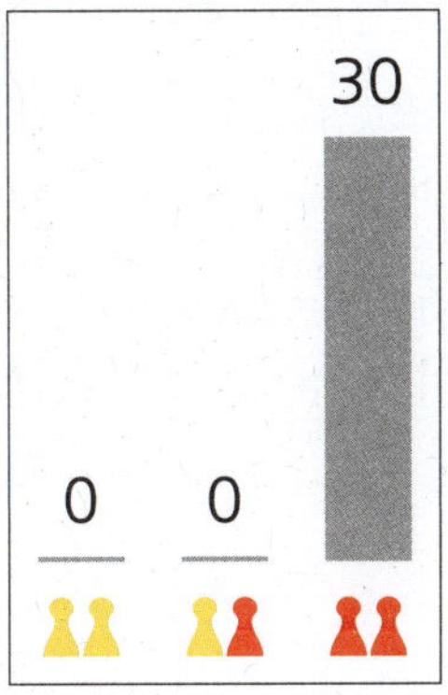

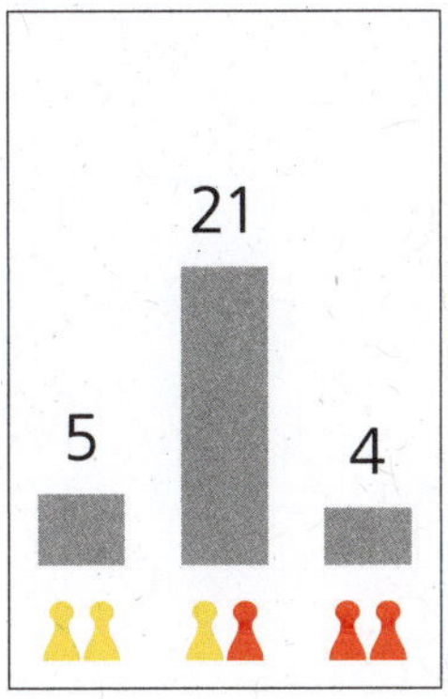

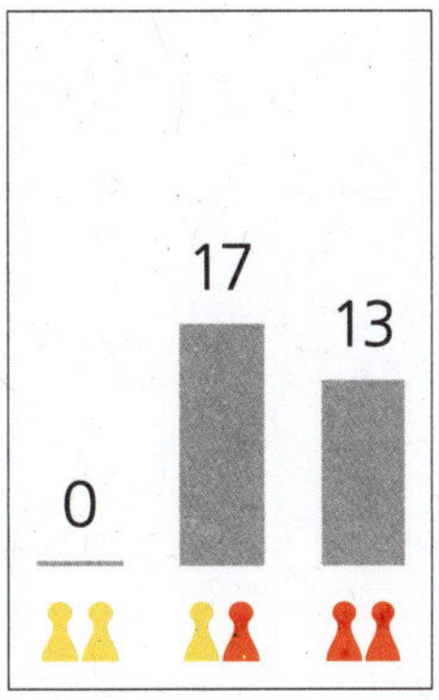

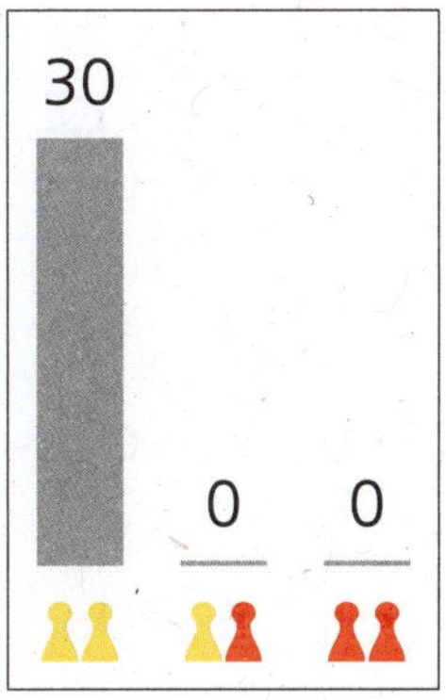

....

Begründe deine Zuordnung.

....

....

....

....

3. Du benötigst einen undurchsichtigen Beutel, drei gelbe und drei rote Spielfiguren.
Du ziehst, ohne zu schauen, jeweils drei Figuren aus dem Beutel.

a Welche vier verschiedenen Farbkombinationen sind möglich? Zeichne sie in der Tabelle in die obere Zeile.

b Ziehe 20-mal drei Figuren aus dem Beutel. Protokolliere mit Strichen in der Tabelle, wie oft welche Farbkombination aufgetreten ist.

c Welche zwei Farbkombinationen kommen häufiger vor als die beiden anderen Farbkombinationen?

Versuche zu erklären, warum das so sein könnte.

d Stell dir vor, du hast einen undurchsichtigen Beutel mit 3 gelben und 97 roten Spielfiguren. Daraus würdest du, ohne zu schauen, drei Figuren ziehen.

Welche der vier Farbkombinationen hätte die grösste Chance aufzutreten?
Welche der vier Farbkombinationen hätte die kleinste Chance aufzutreten?

4. Du benötigst zwei Würfel. Würfle und berechne die Summe der Zahlen.
Die kleinste mögliche Summe ist 2 (1 + 1). Die grösste mögliche Summe ist 12 (6 + 6).

a Vermute, ob alle möglichen Summen gleich wahrscheinlich sind.
Begründe deine Antwort.

....

....

....

....

b Würfle 50-mal mit zwei Würfeln. Protokolliere mit Strichen in der Tabelle, wie oft du welche Summe erzielt hast.

Summe	2	3	4	5	6	7	8	9	10	11	12
Anzahl											

c Übertrage die Ergebnisse aus der Tabelle ins Punktdiagramm.

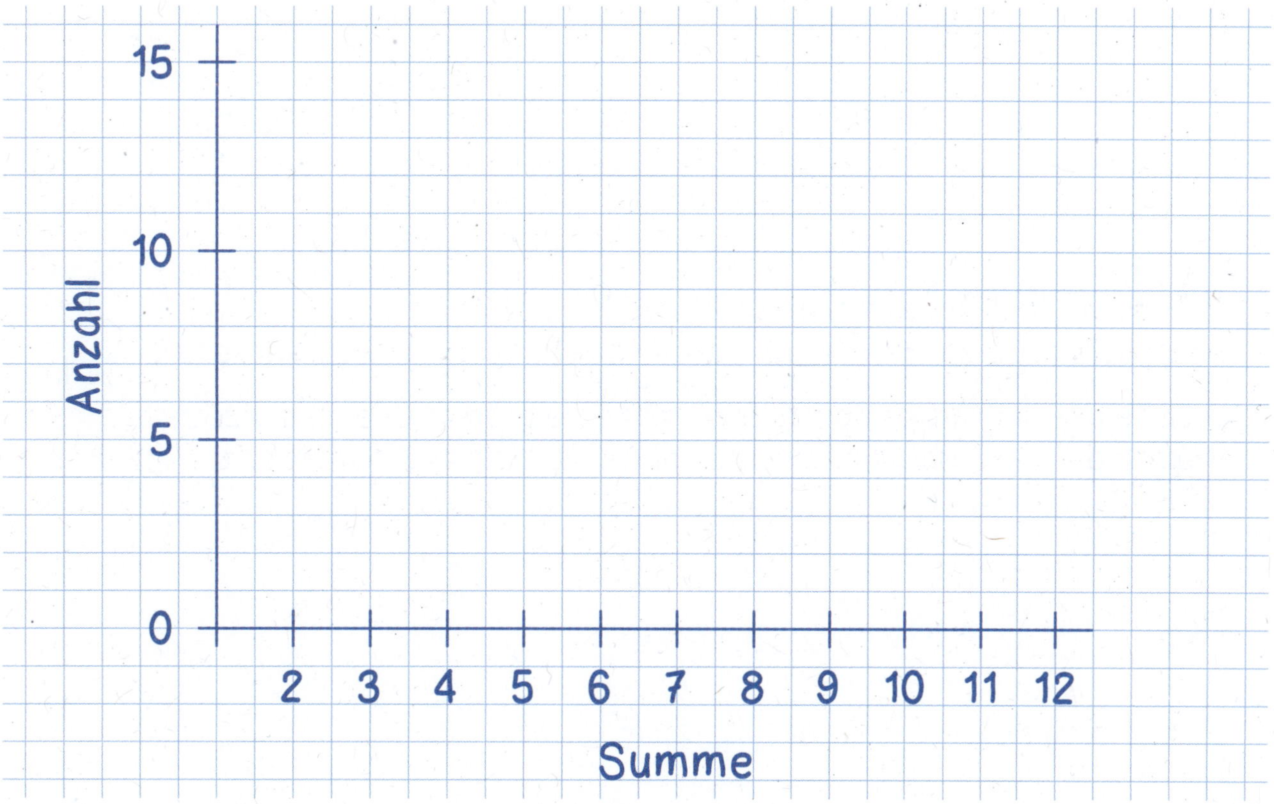

d Schreibe deine Beobachtungen und Erkenntnisse auf.

....

....

1. In einem magischen 4×4-Quadrat werden die Zahlen von 1 bis 16 eingetragen.
Die Summe der Zahlen ist in jeder Zeile, in jeder Spalte und in jeder Diagonale 34.

a Vervollständige die magischen Quadrate.

16	6	9	
	11	8	14
	13	2	

12		15	
	14	8	
	11	1	
13			

b Vertausche im magischen Quadrat zwei Zeilen.

2	14	11	7
16	9	4	5
1	8	13	12
15	3	6	10

Ist das neue Quadrat auch magisch? ....

c Vertausche im magischen Quadrat zuerst die zwei mittleren Zeilen.
Vertausche dann die zwei mittleren Spalten.

2	14	11	7
16	9	4	5
1	8	13	12
15	3	6	10

Ist das neue Quadrat auch magisch? ....

2. Verändere das Quadrat so, dass ein magisches Quadrat entsteht.

a Vertausche zwei Zahlen.

15	6	11	4
10	3	16	5
8	13	2	9
1	12	7	14

b Vertausche zwei Spalten.

7	12	10	5
9	8	6	11
16	1	3	14
2	13	15	4

3. Magisches Sechseck

In einem magischen Sechseck werden die Zahlen von 1 bis 19 eingetragen. Es gibt Reihen in drei Richtungen.

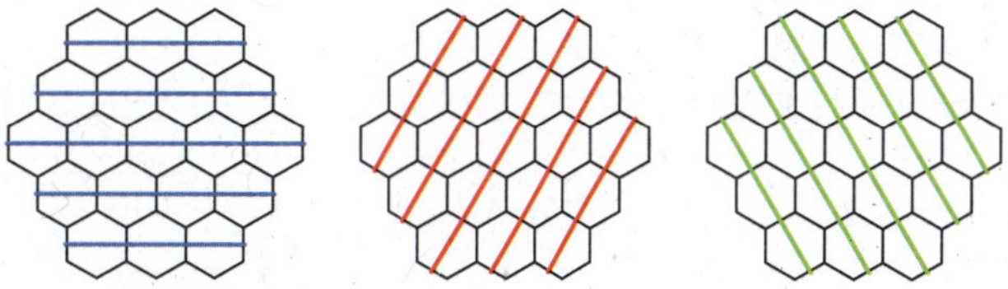

Die Summe der Zahlen ist in jeder Reihe gleich gross.

a Wie gross ist die Summe in jeder Reihe?

....

b Vervollständige das magische Sechseck.

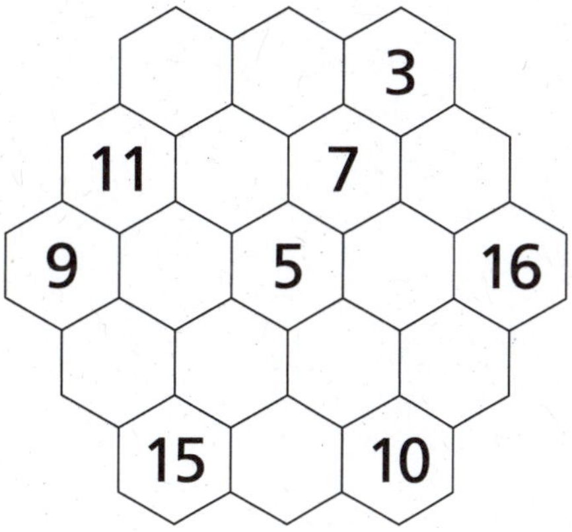

4. Rechenfiguren

In der Rechenfigur werden vorgegebene Zahlen je in einem Feld notiert.

—●●●— bedeutet: Die eine Zahl ist dreimal so gross wie die andere Zahl.

—●●— bedeutet: Die eine Zahl ist doppelt so gross wie die andere Zahl.

—○— bedeutet: Die eine Zahl ist um 1 grösser als die andere Zahl.

—×— bedeutet: Die eine Zahl ist weder um 1 grösser, noch doppelt so gross, noch dreimal so gross wie die andere Zahl.

Beispiel einer Rechenfigur:

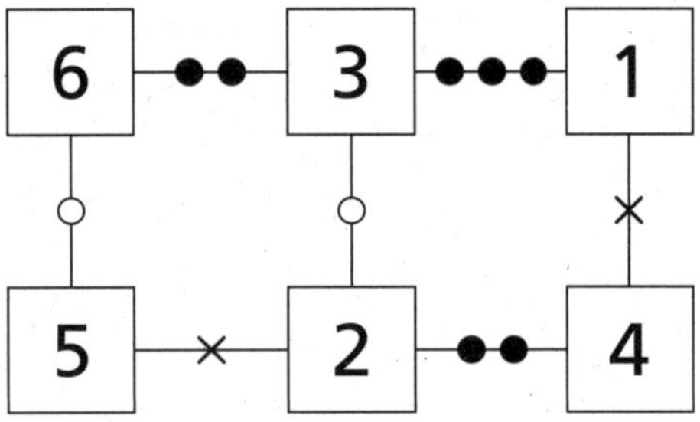

a Setze die Zahlen 1, 3, 4 und 6 ein.

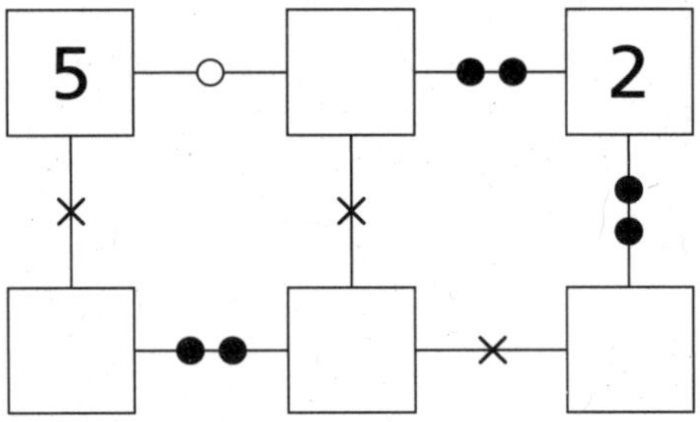

b Setze die Zahlen 1, 2, 3 und 6 ein.

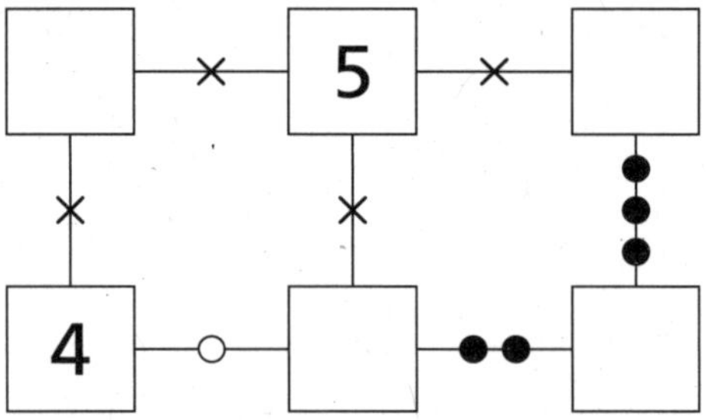

c Setze die Zahlen 1 bis 4 ein.

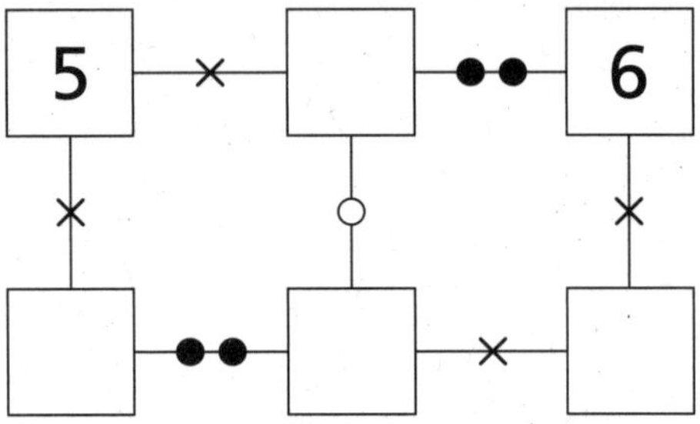

d Setze die Zahlen 1 bis 6 ein.

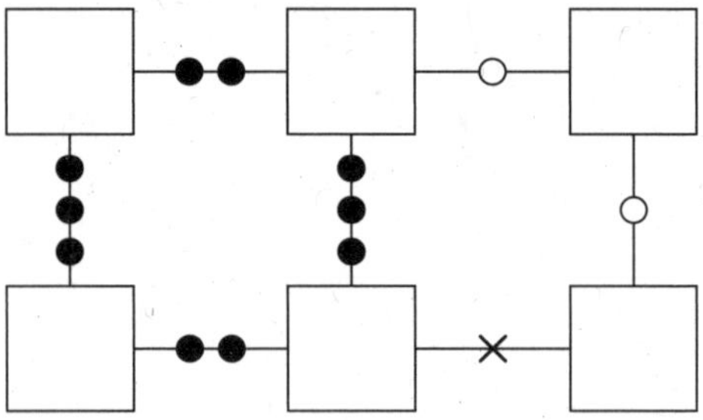

e Setze die Zahlen 1, 2, 3, 4 und 6 ein.

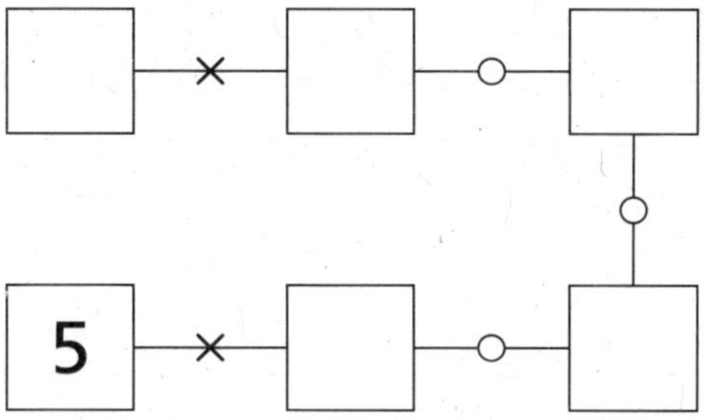

f Setze die Zahlen 1, 2, 3, 4 und 6 ein.

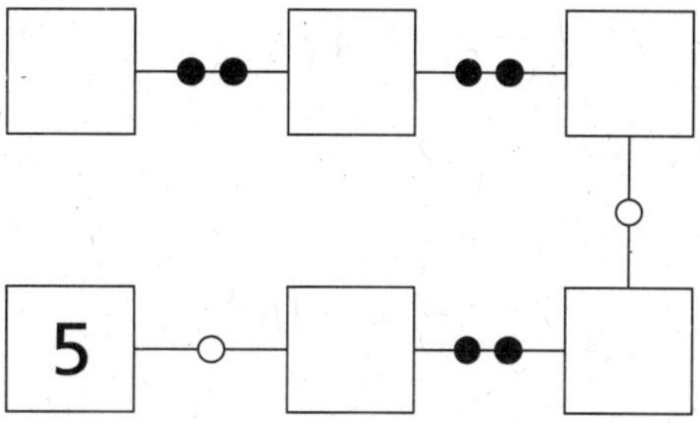

g Setze die Zahlen 1, 2, 3, 5, 6, 7 und 8 ein.

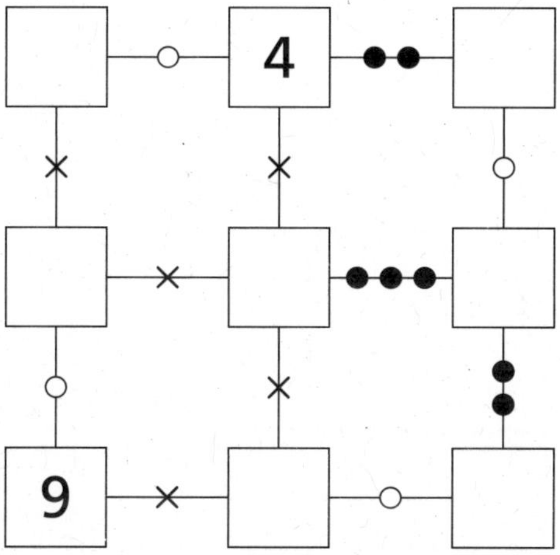

h Setze die Zahlen 1, 2, 3, 4, 6, 8 und 9 ein.

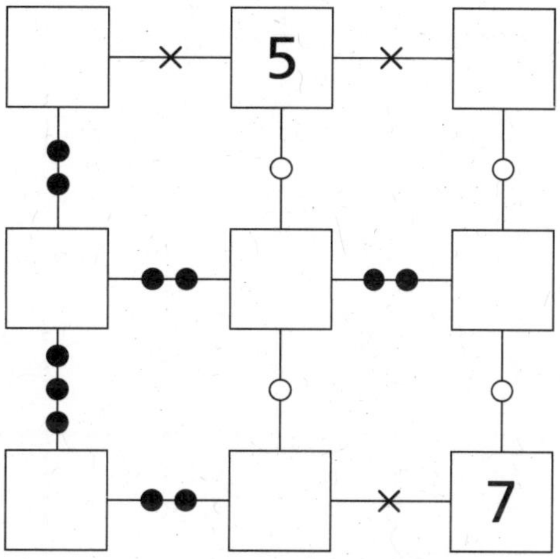

i Setze die Zahlen 1 bis 8 ein.

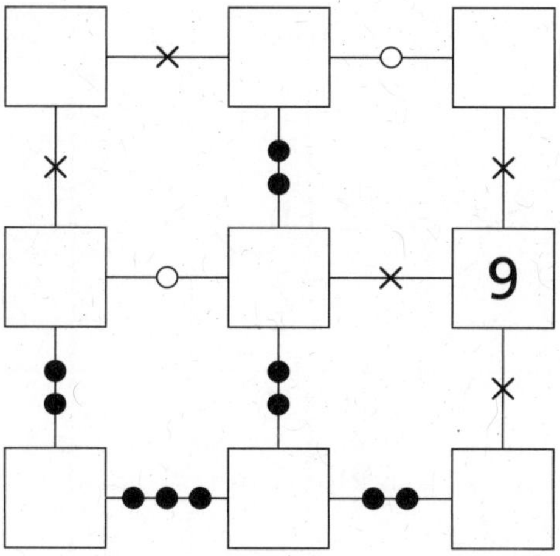

j Setze die Zahlen 1 bis 9 ein.

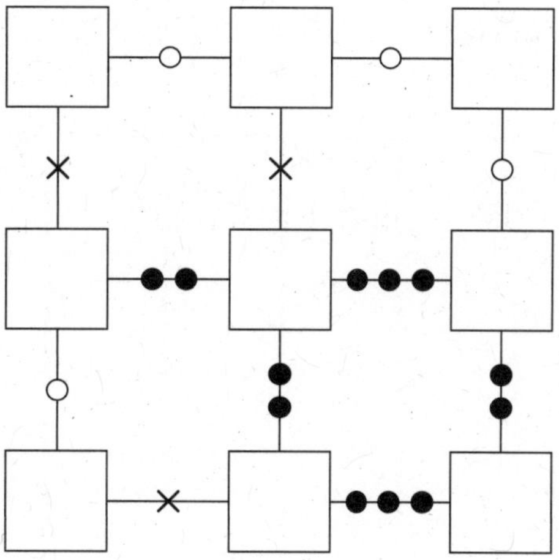

5. KenKen

Die Zahlen 1, 2, 3, 4, 5 und 6 stehen genau einmal in jeder Zeile und in jeder Spalte.
Die Zahlen in den dick umrandeten Feldern müssen mit dem klein notierten Operationszeichen die klein notierte Zahl ergeben.

Beispiel: [3: |] → [3: 1 | 3] oder [3: 2 | 6] oder [3: 3 | 1] oder [3: 6 | 2]

3 : 1 = 3   6 : 2 = 3   3 : 1 = 3   6 : 2 = 3

Ergänze die fehlenden Zahlen.

a

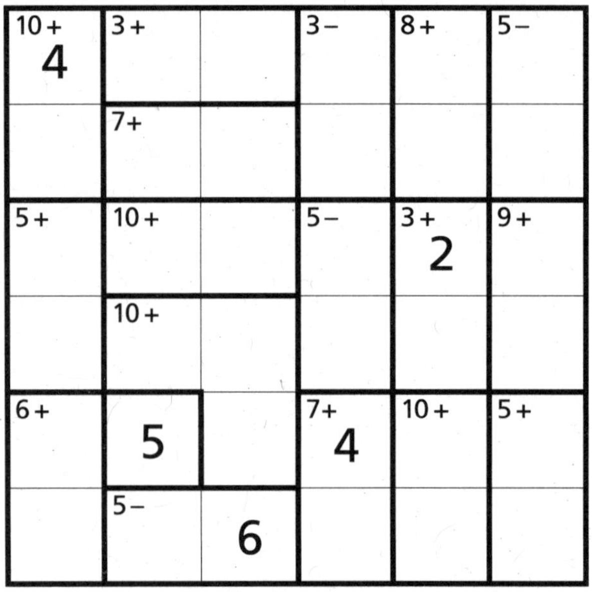

b

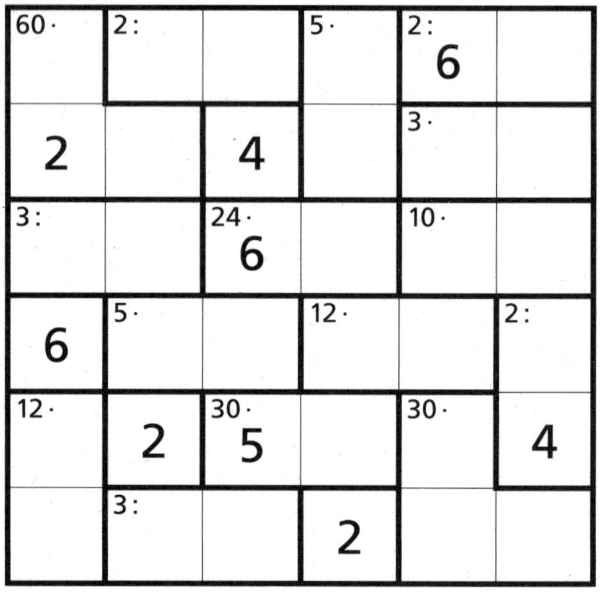

c

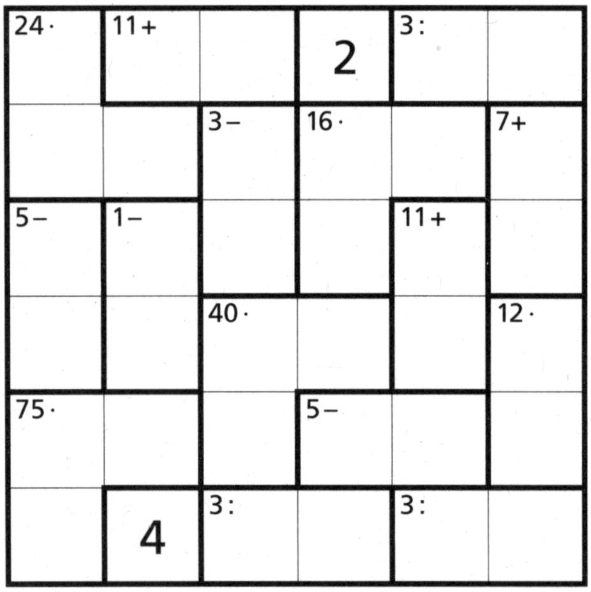

d

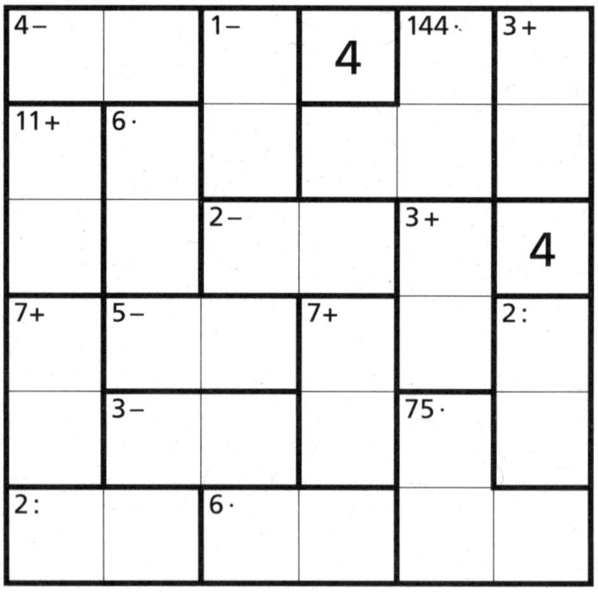